Sport e divertimento all'aria aperta

Libro da colorare

Coloring Pages for Kids

Coloring Pages for Kids
An imprint of Ciparum LLC

Sport e divertimento all'aria aperta Libro da colorare
© 2017 Ciparum LLC
All rights reserved.
ISBN-10:1-63589-357-7
ISBN-13:978-1-63589-357-1

Coloring Pages for Kids

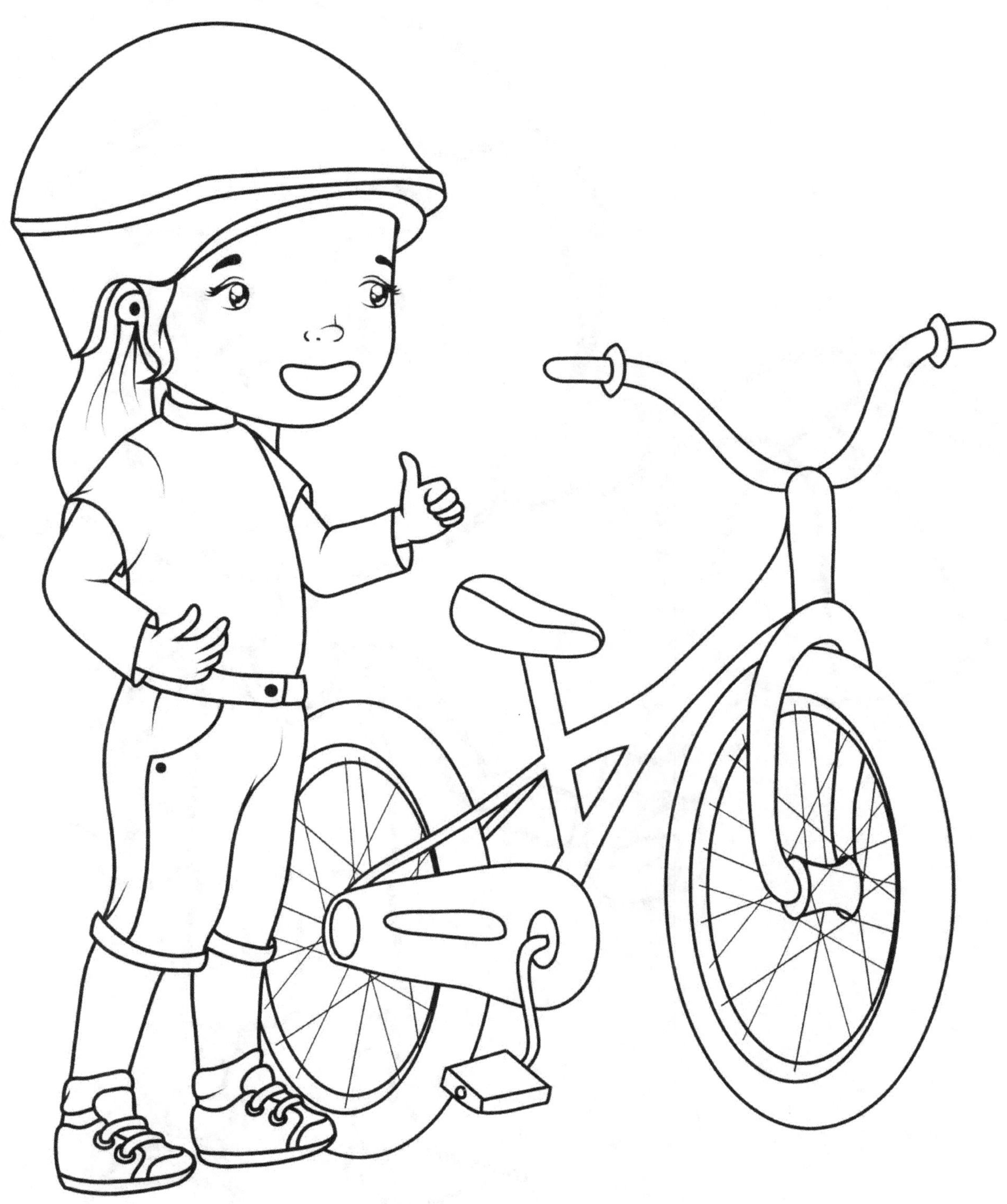

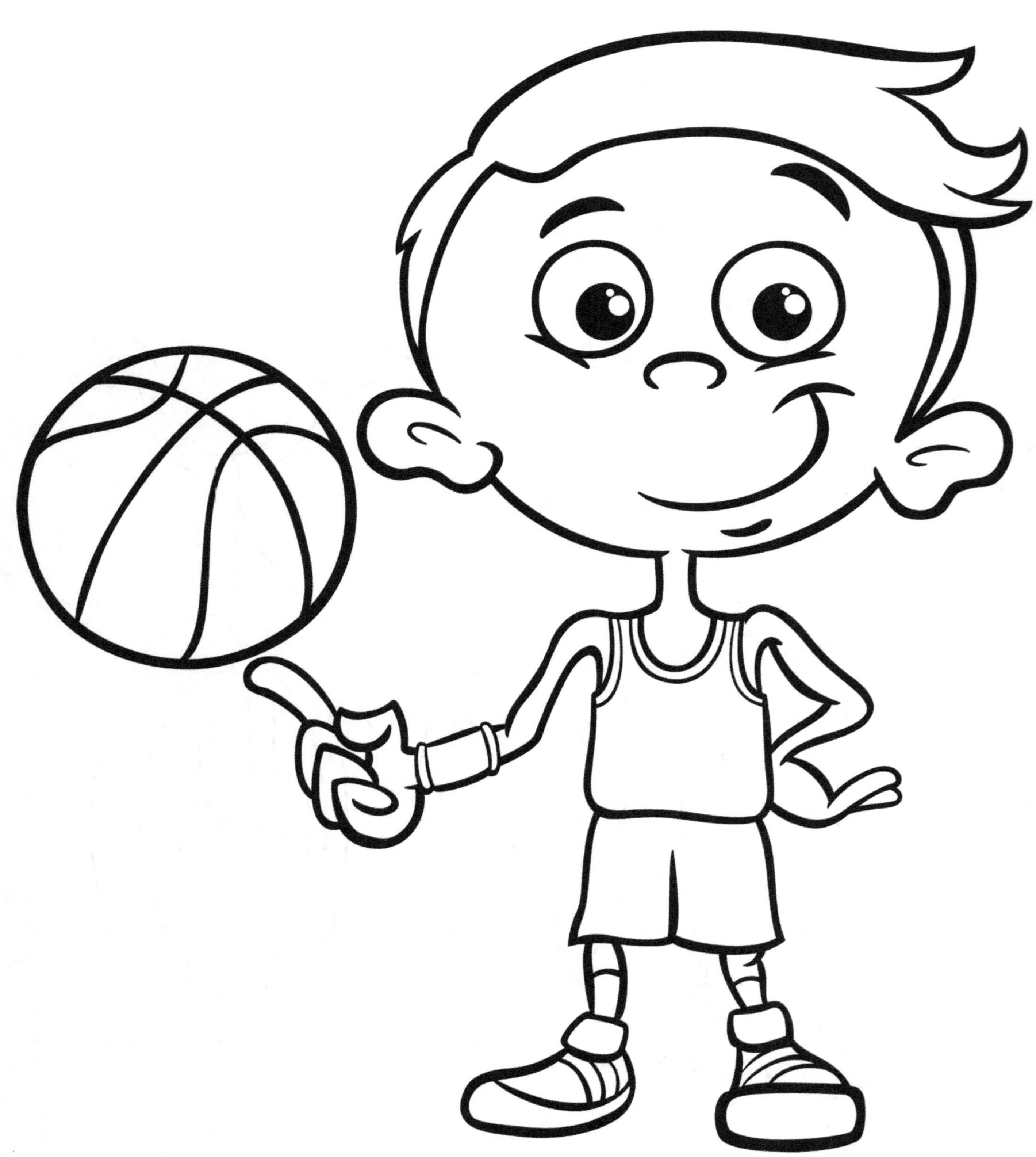

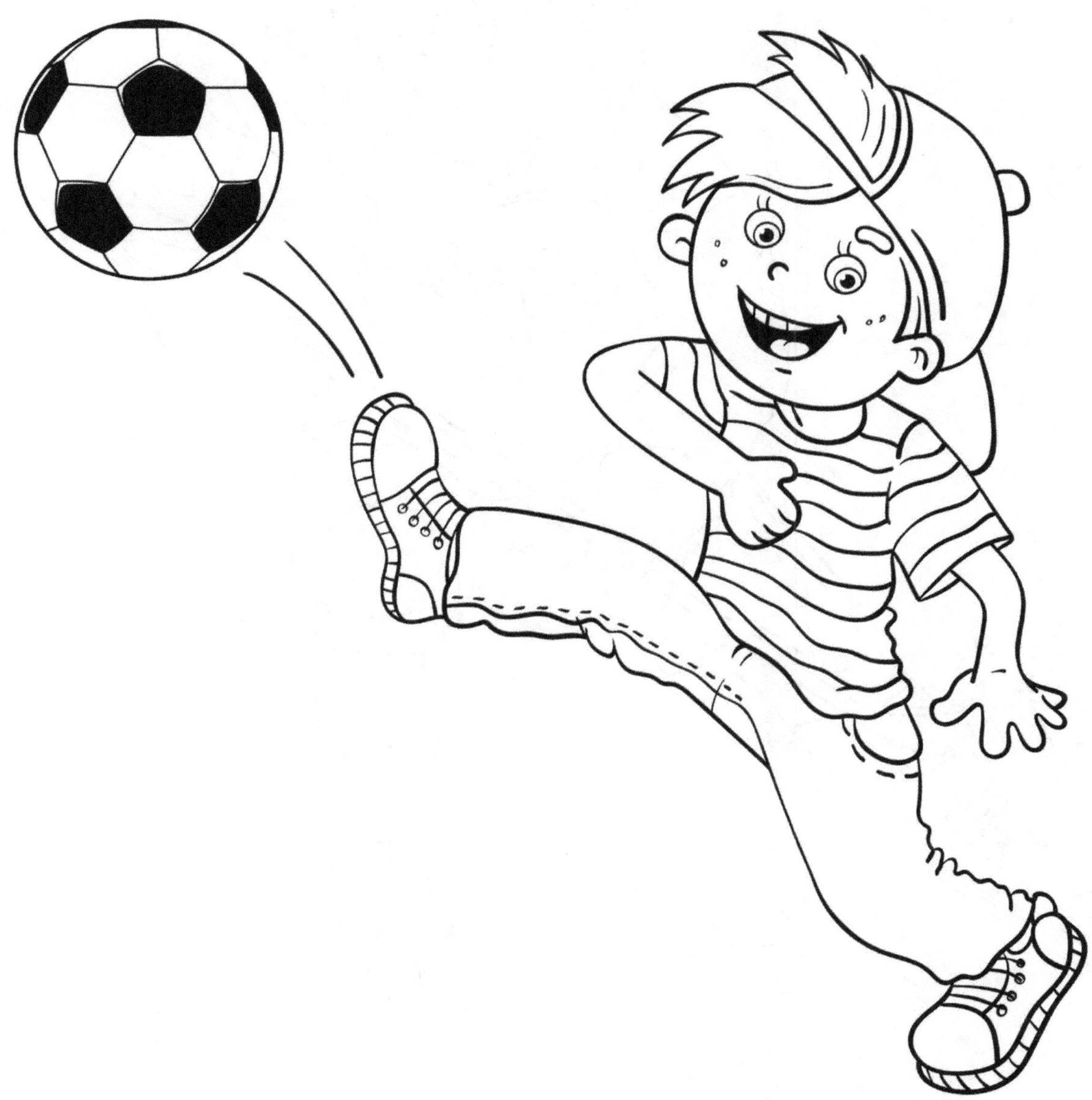

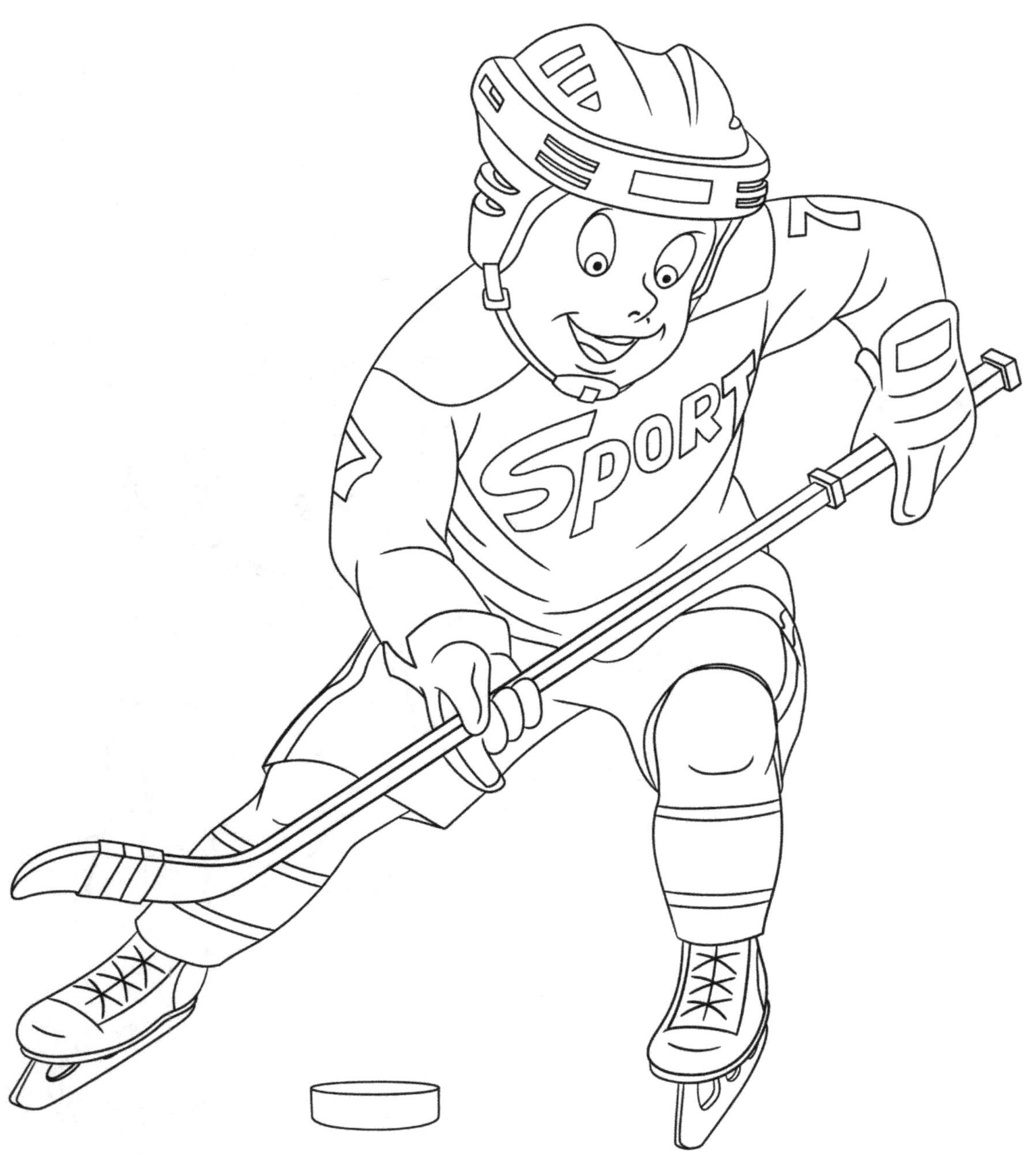
Sport

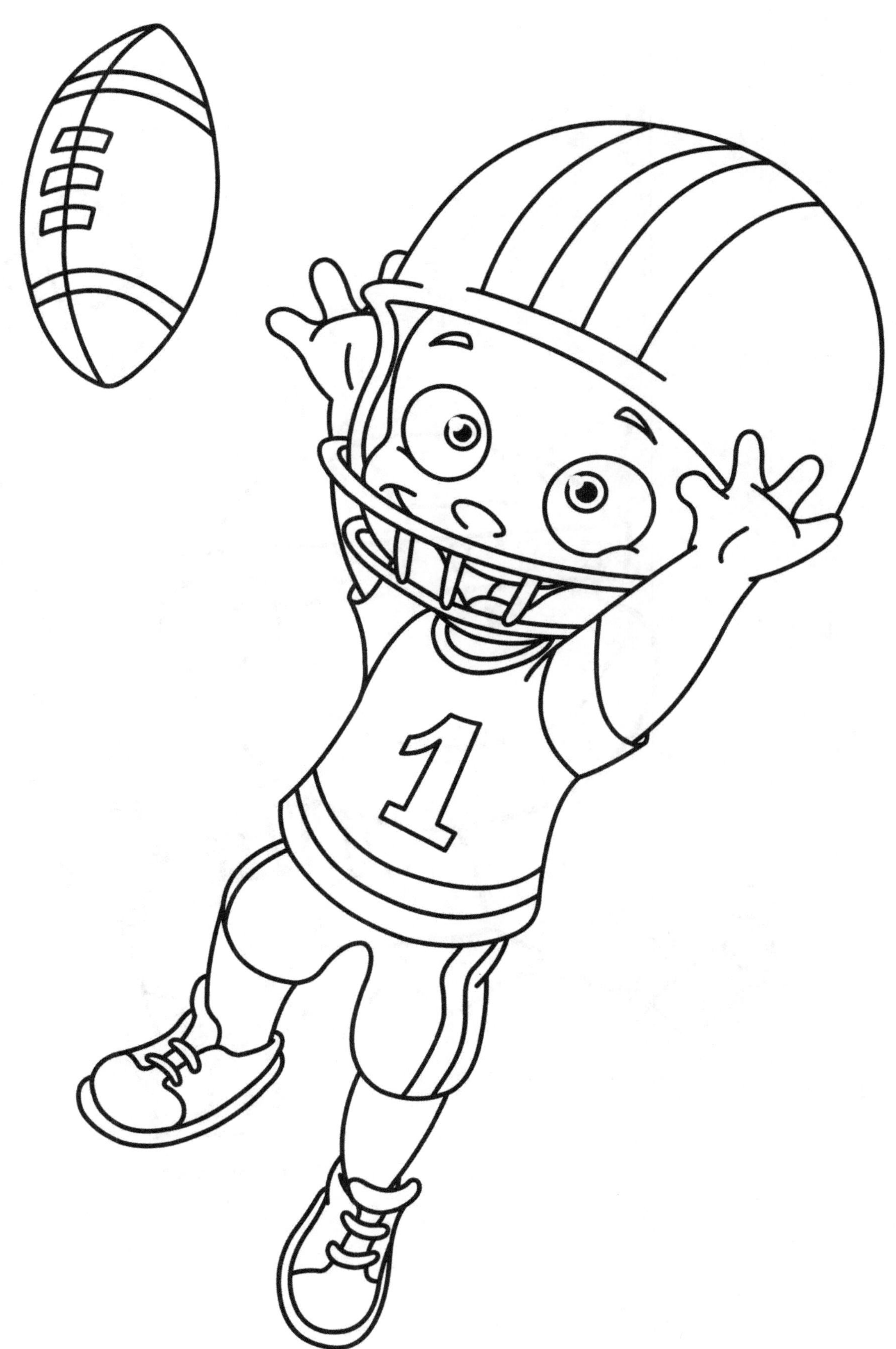

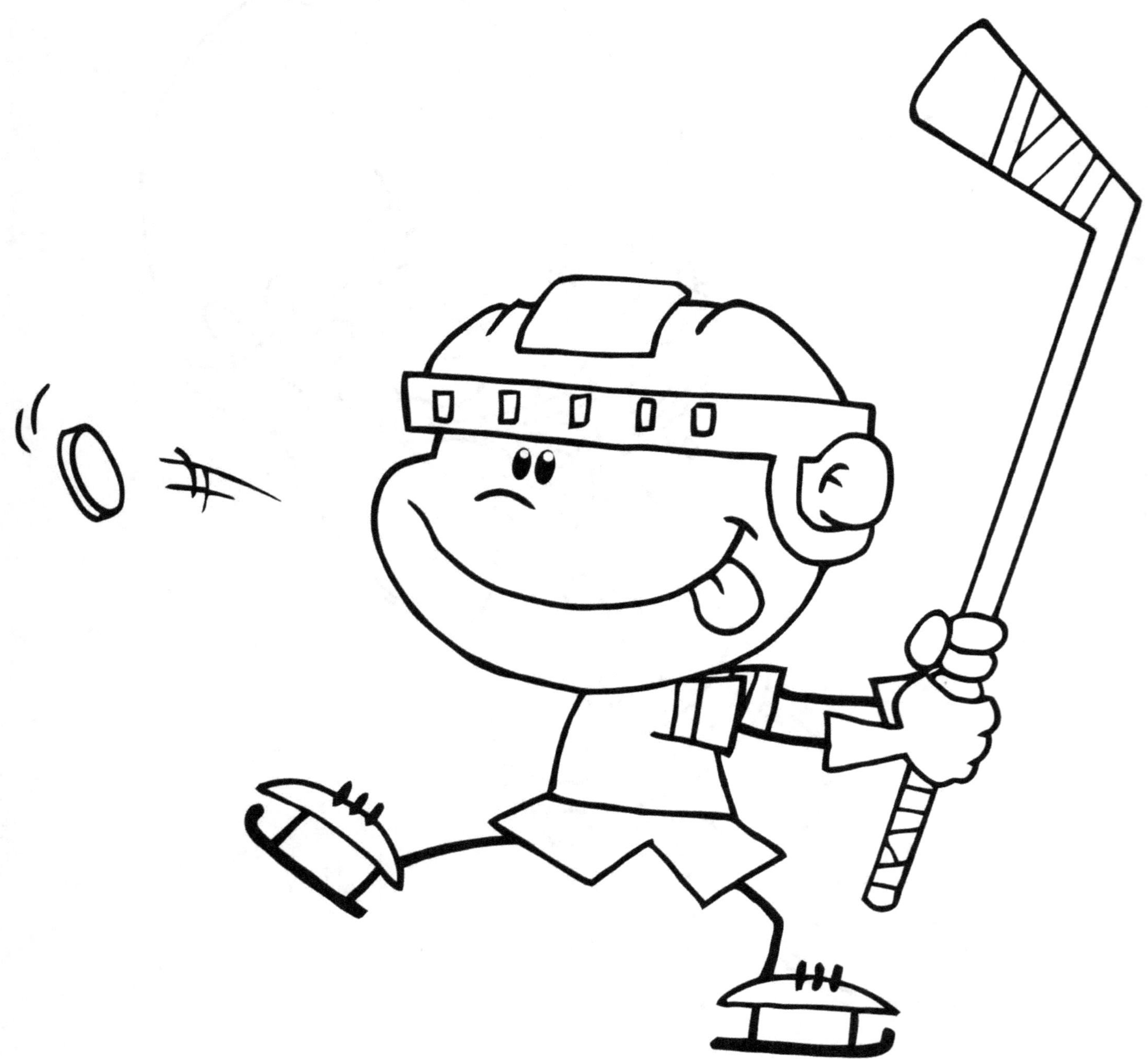

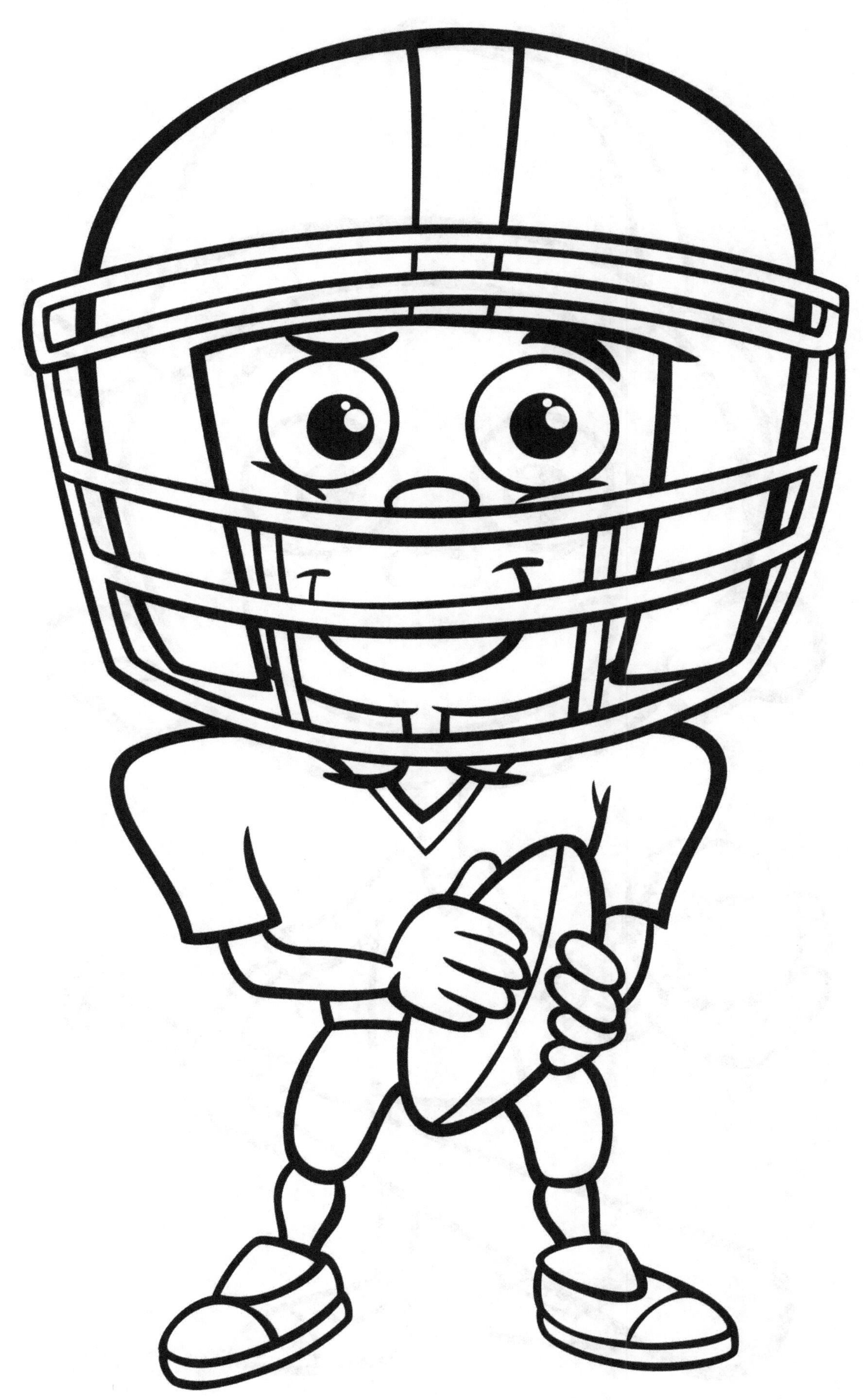

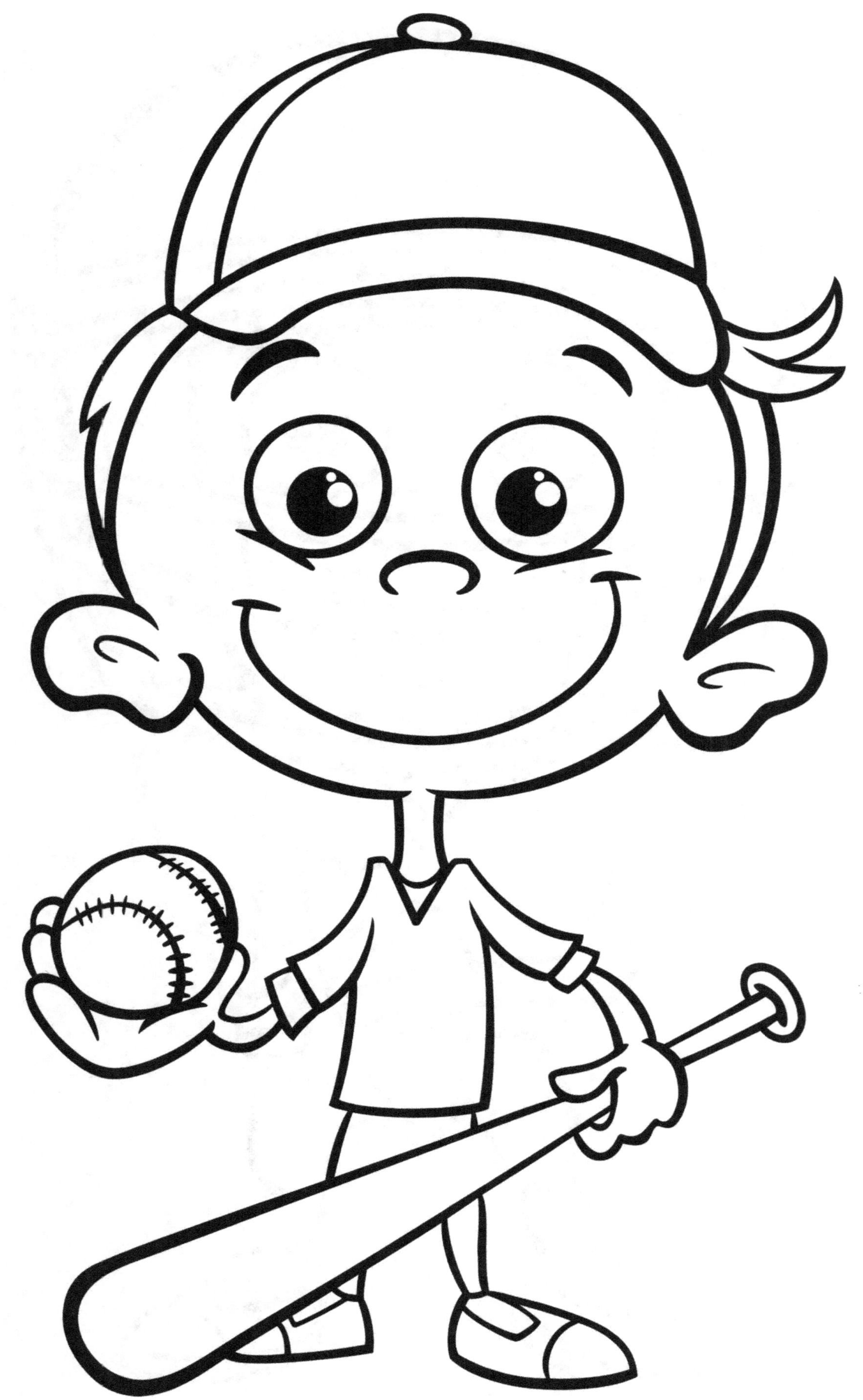

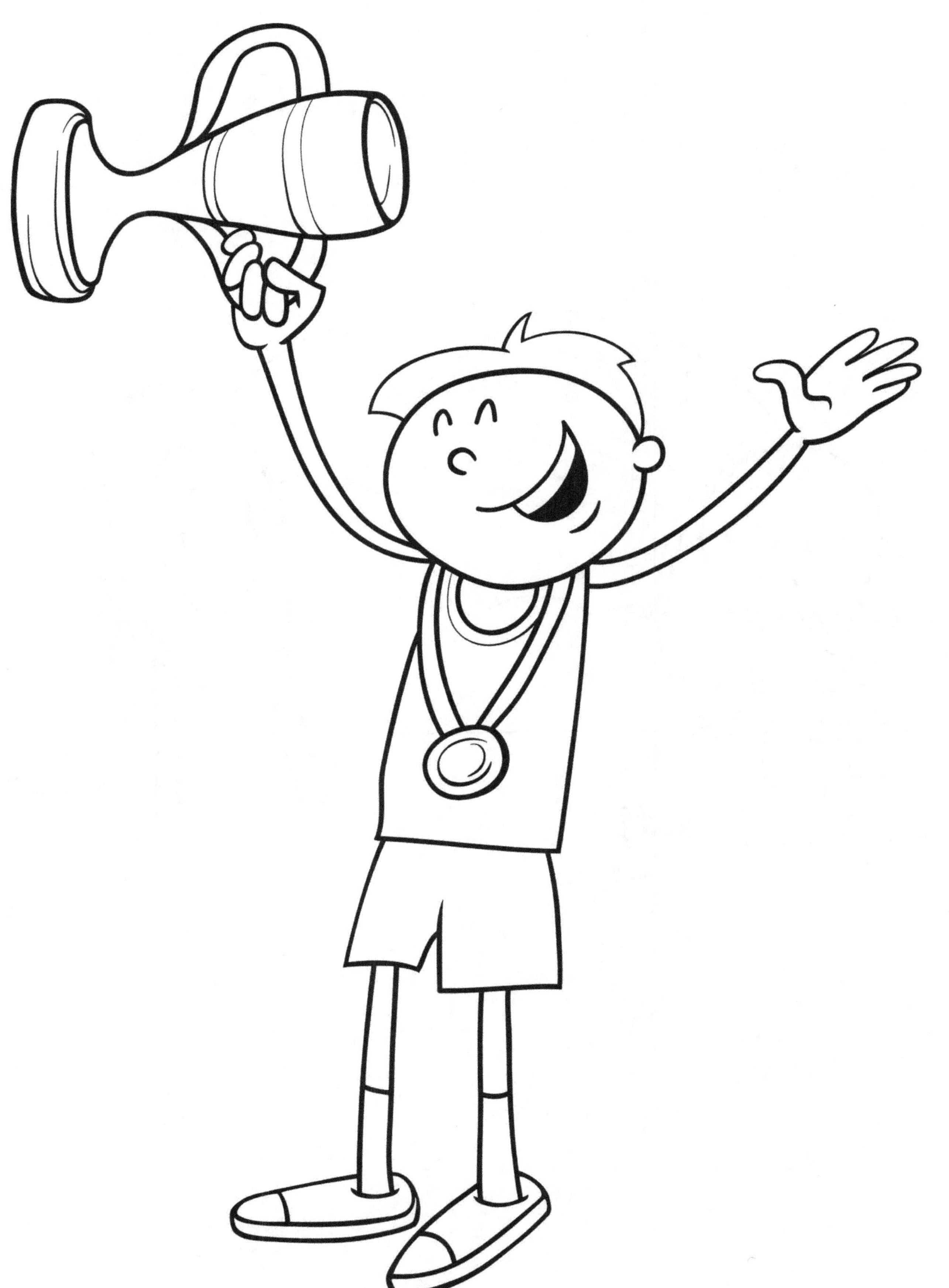

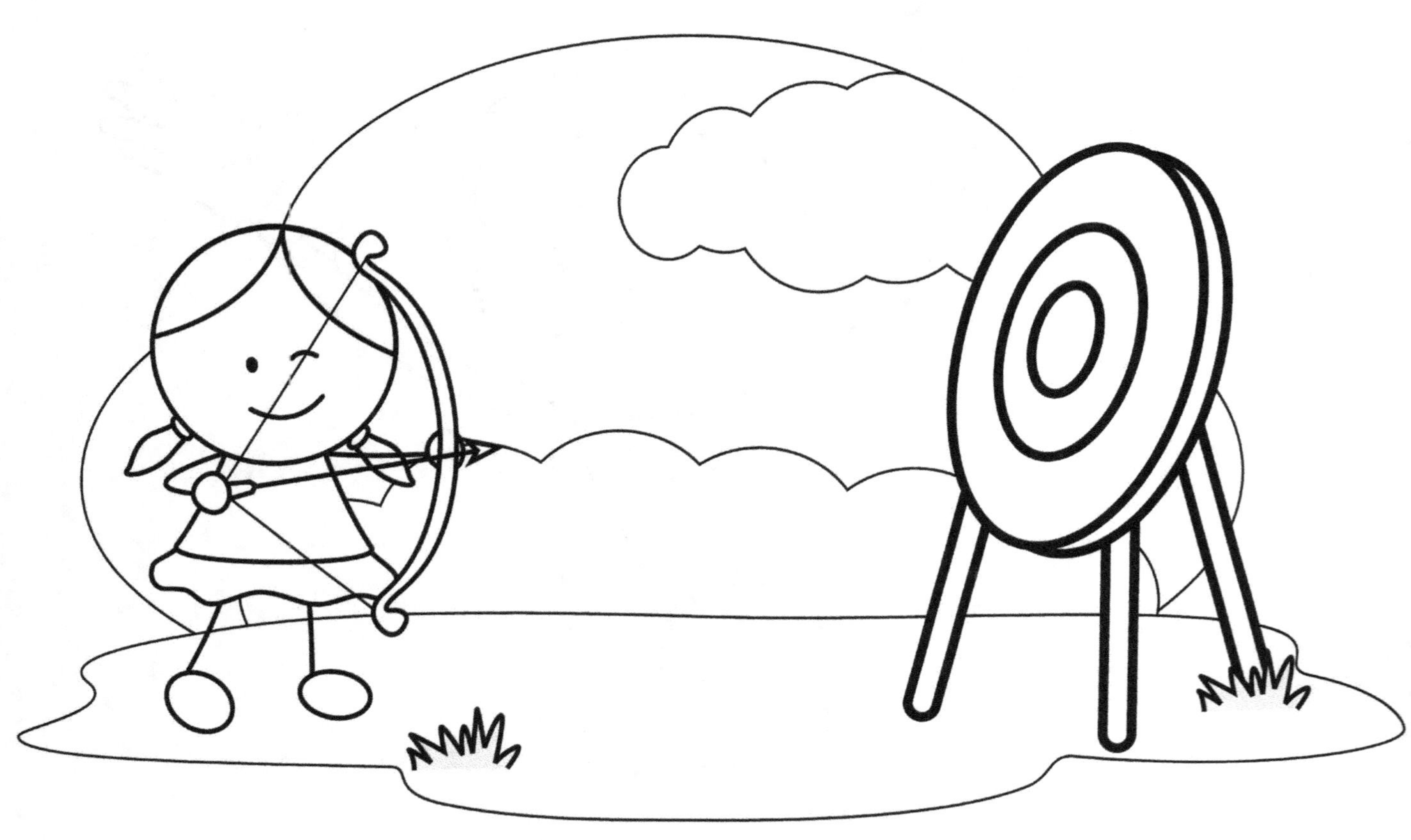

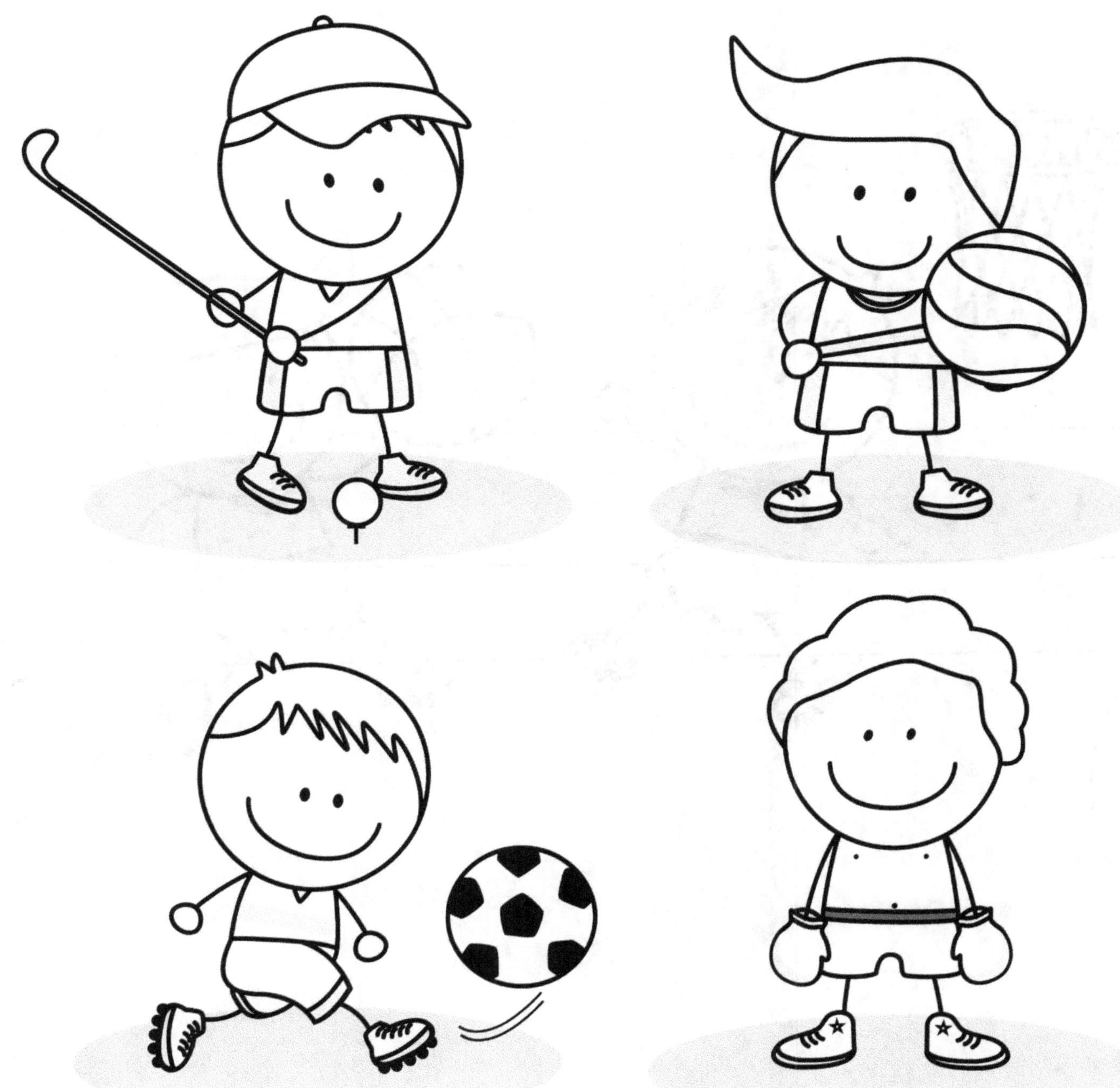

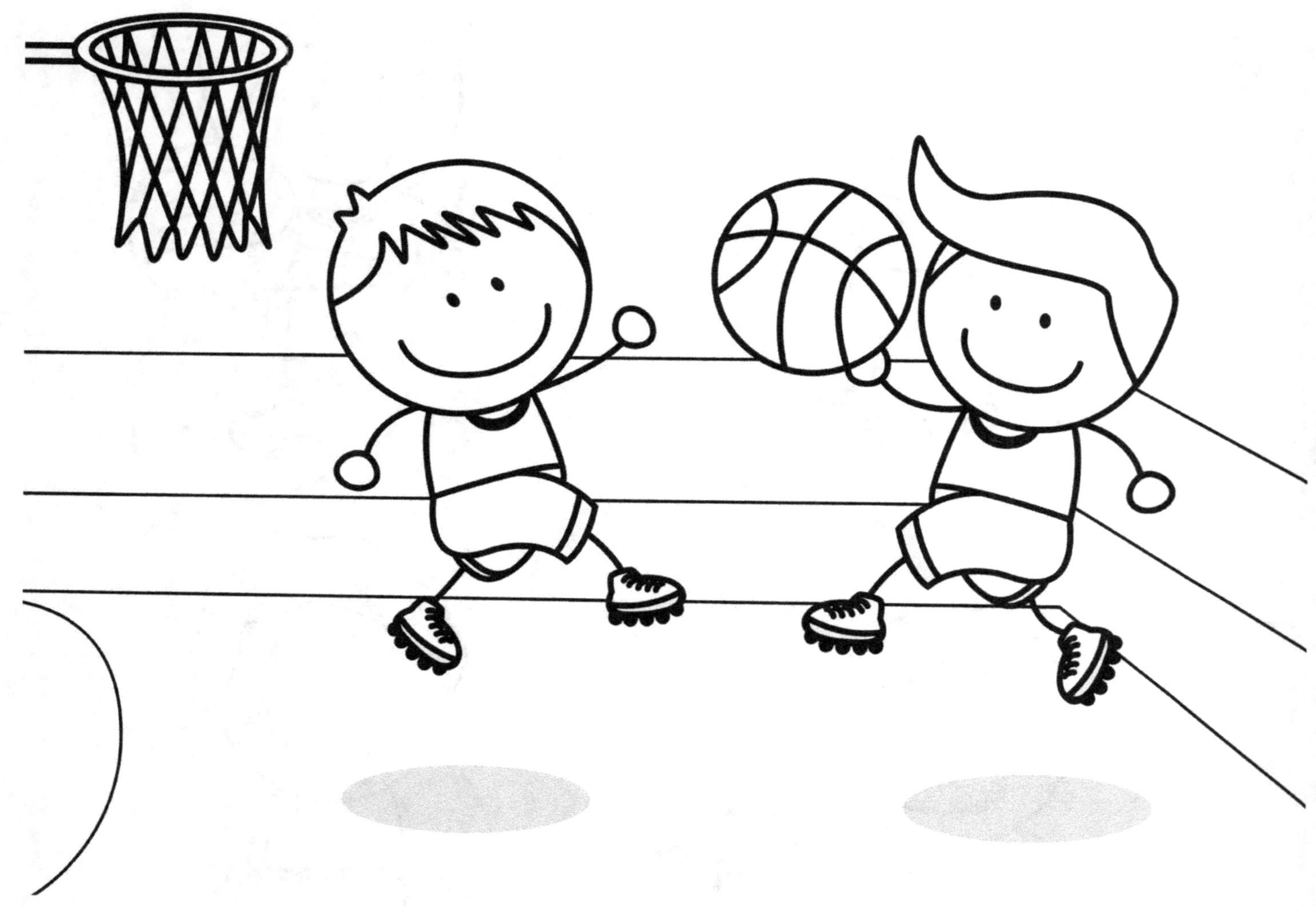

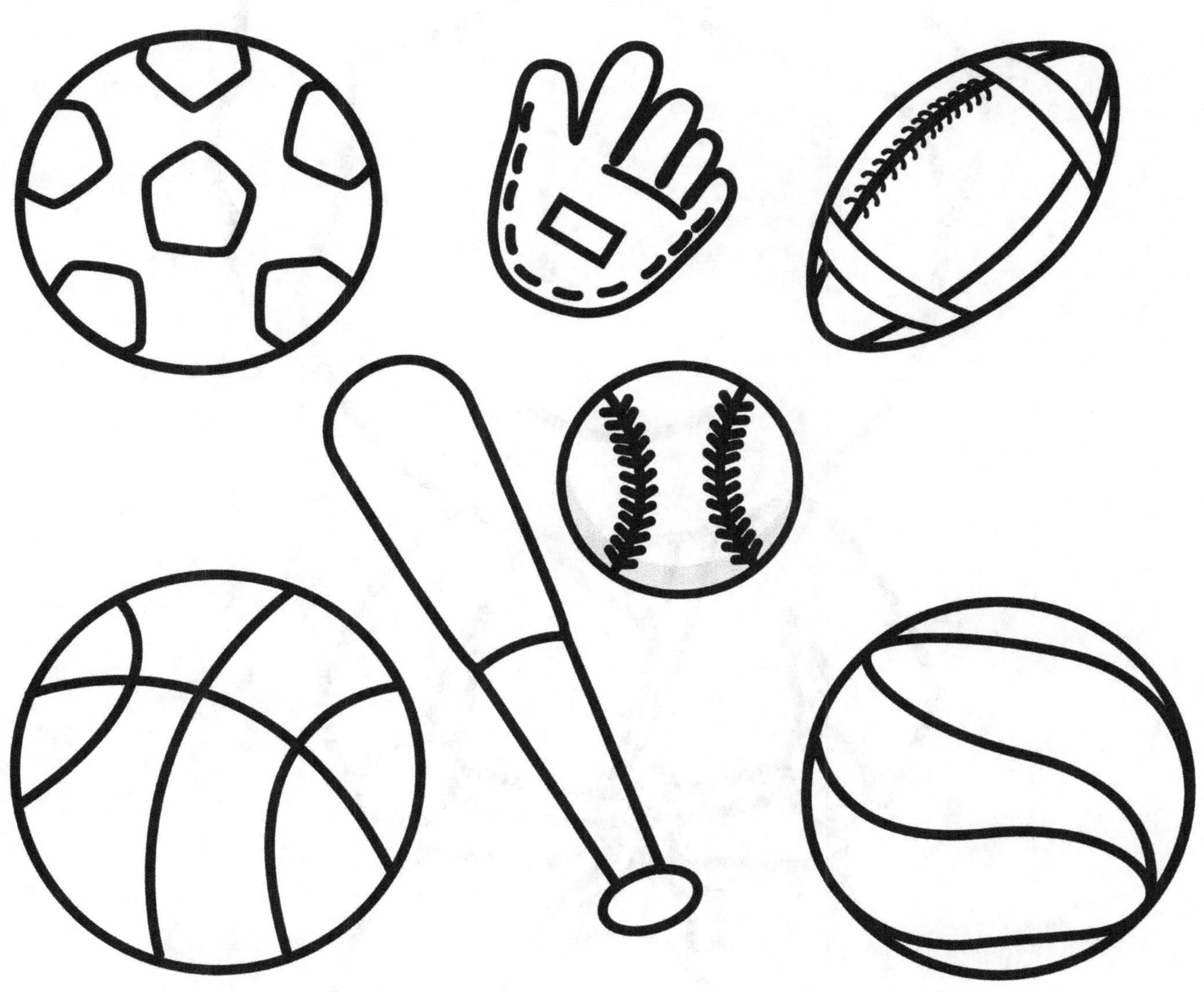

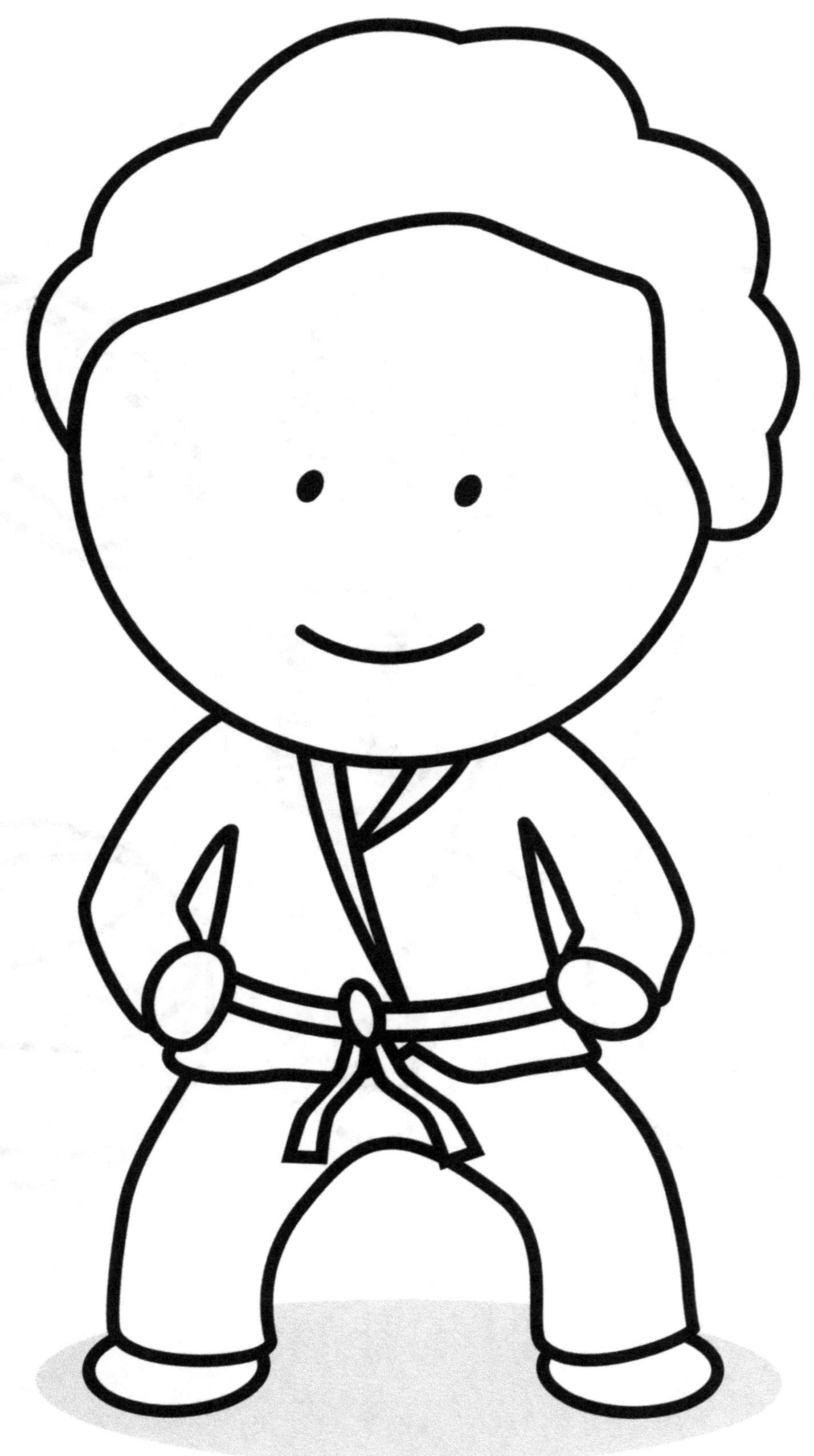

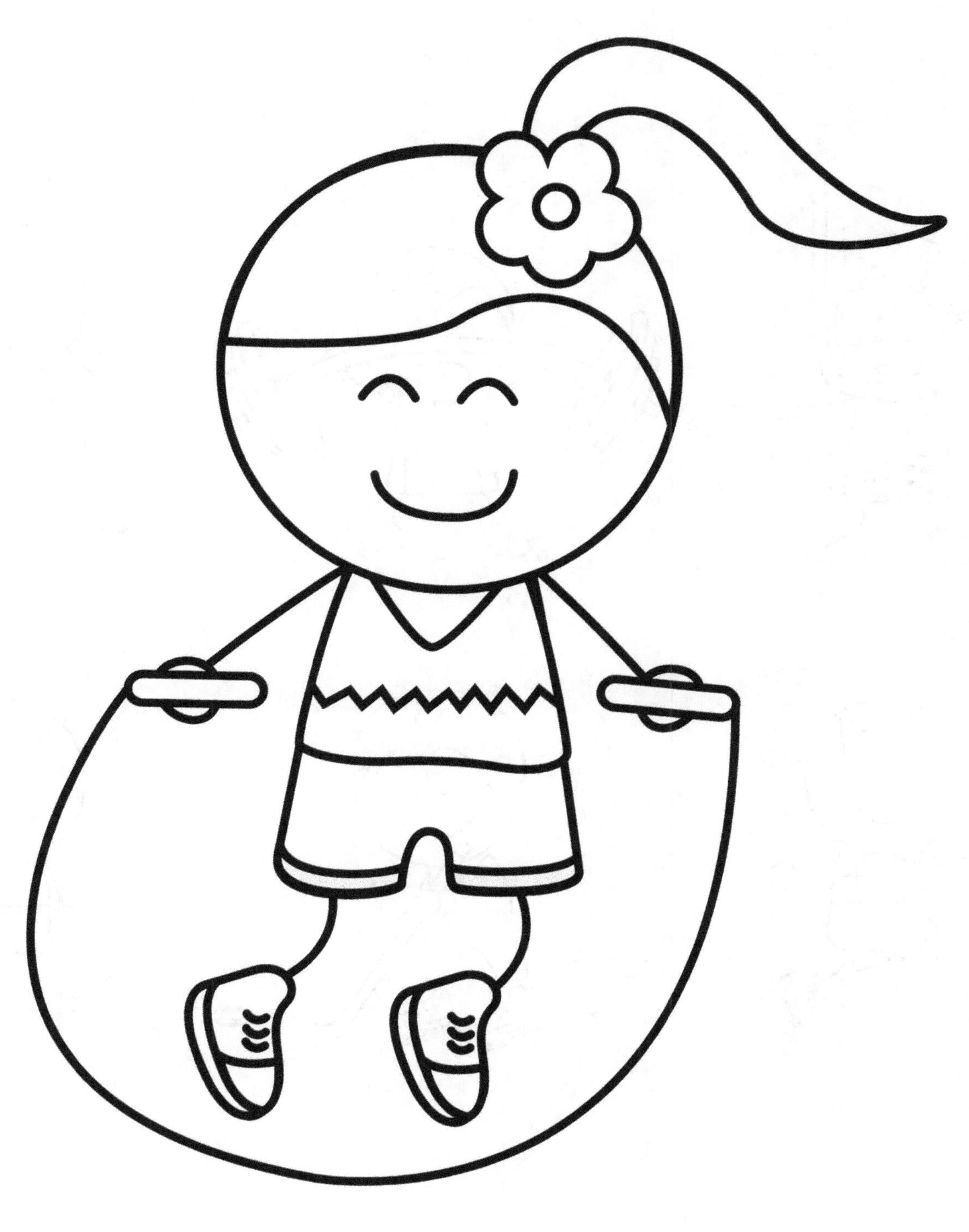

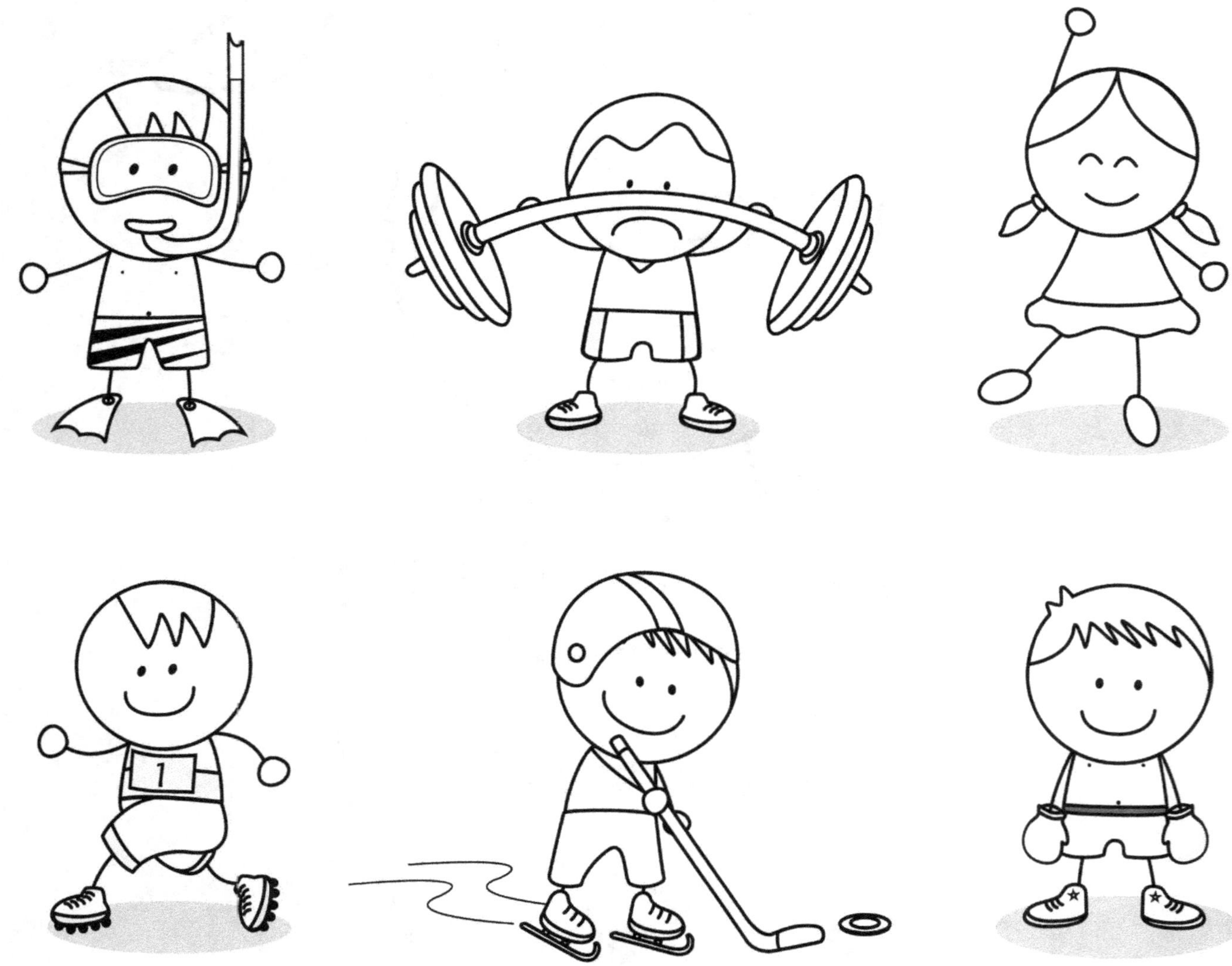

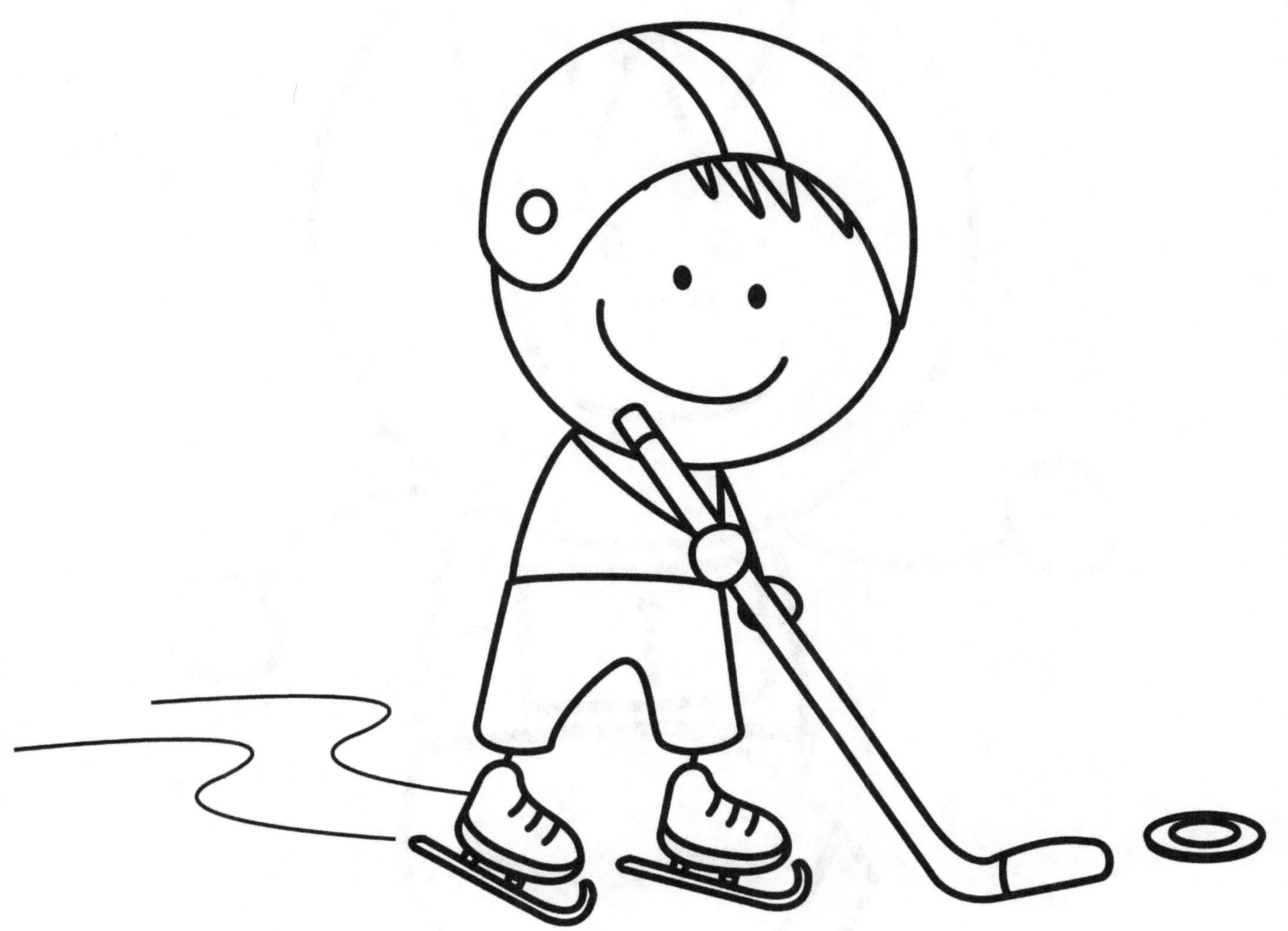

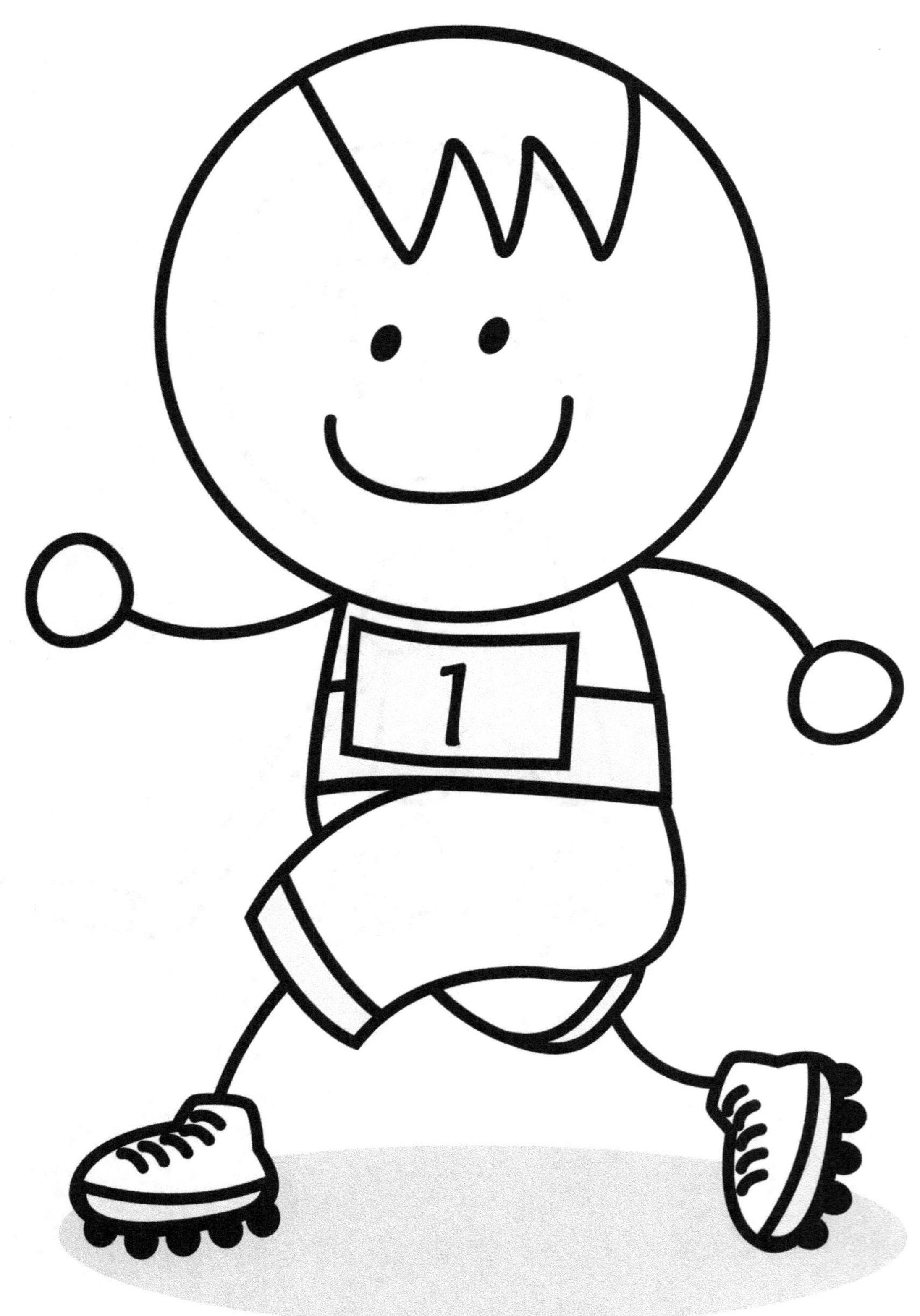
1

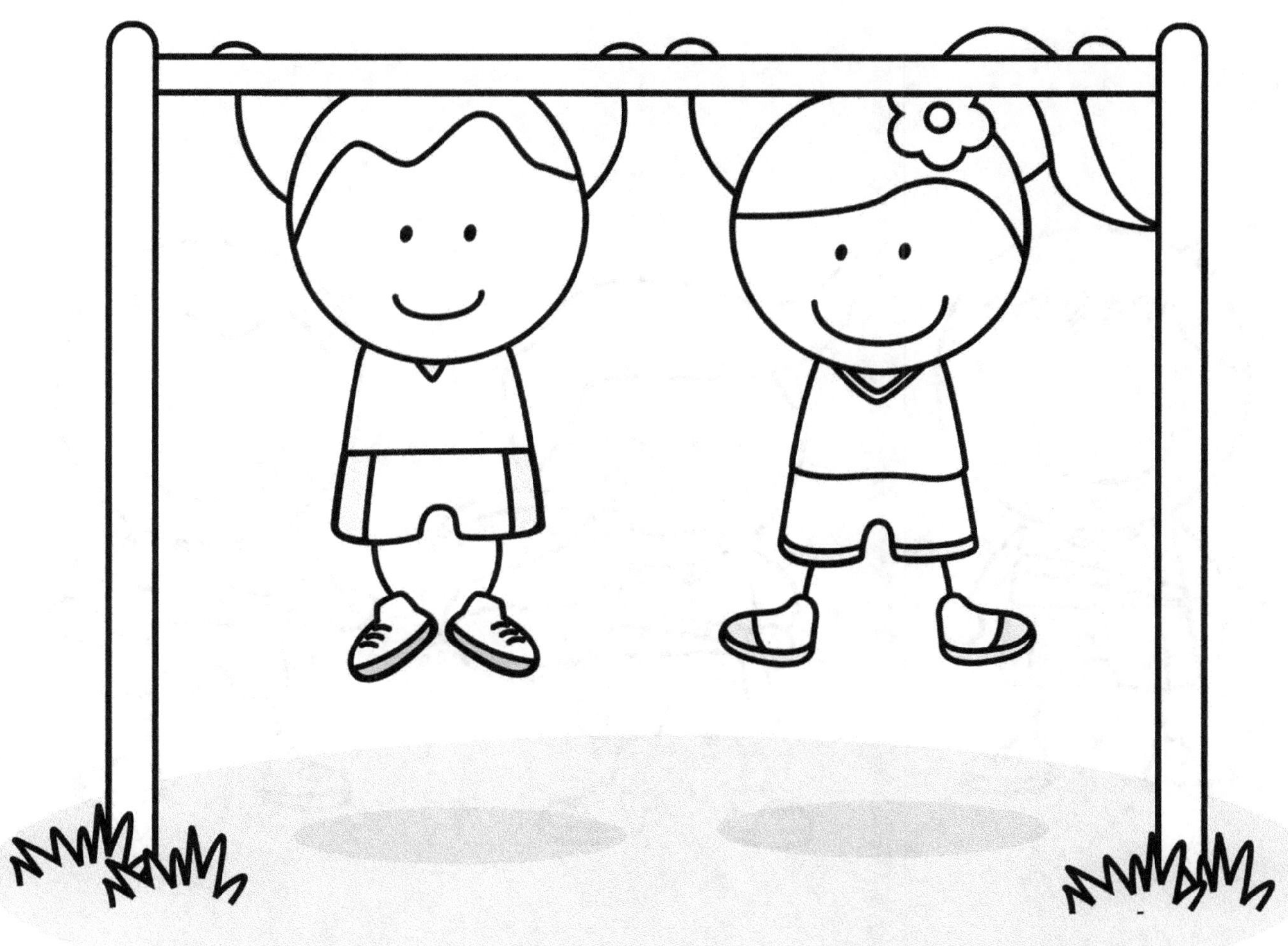

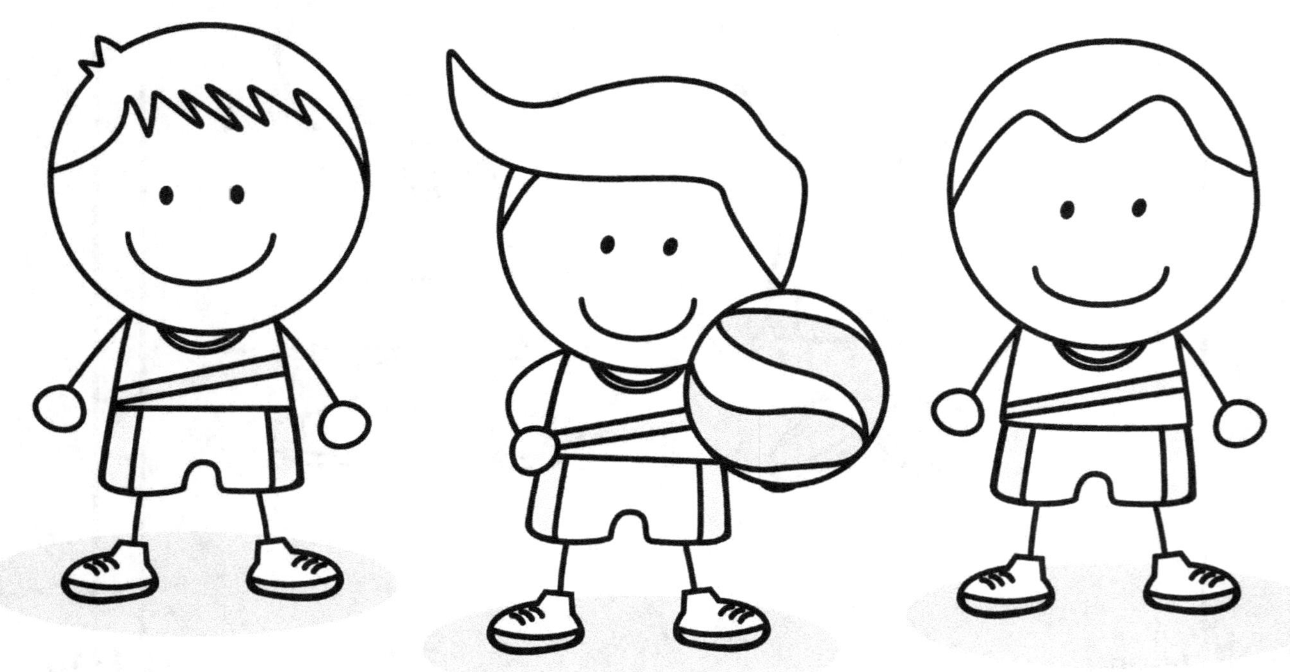

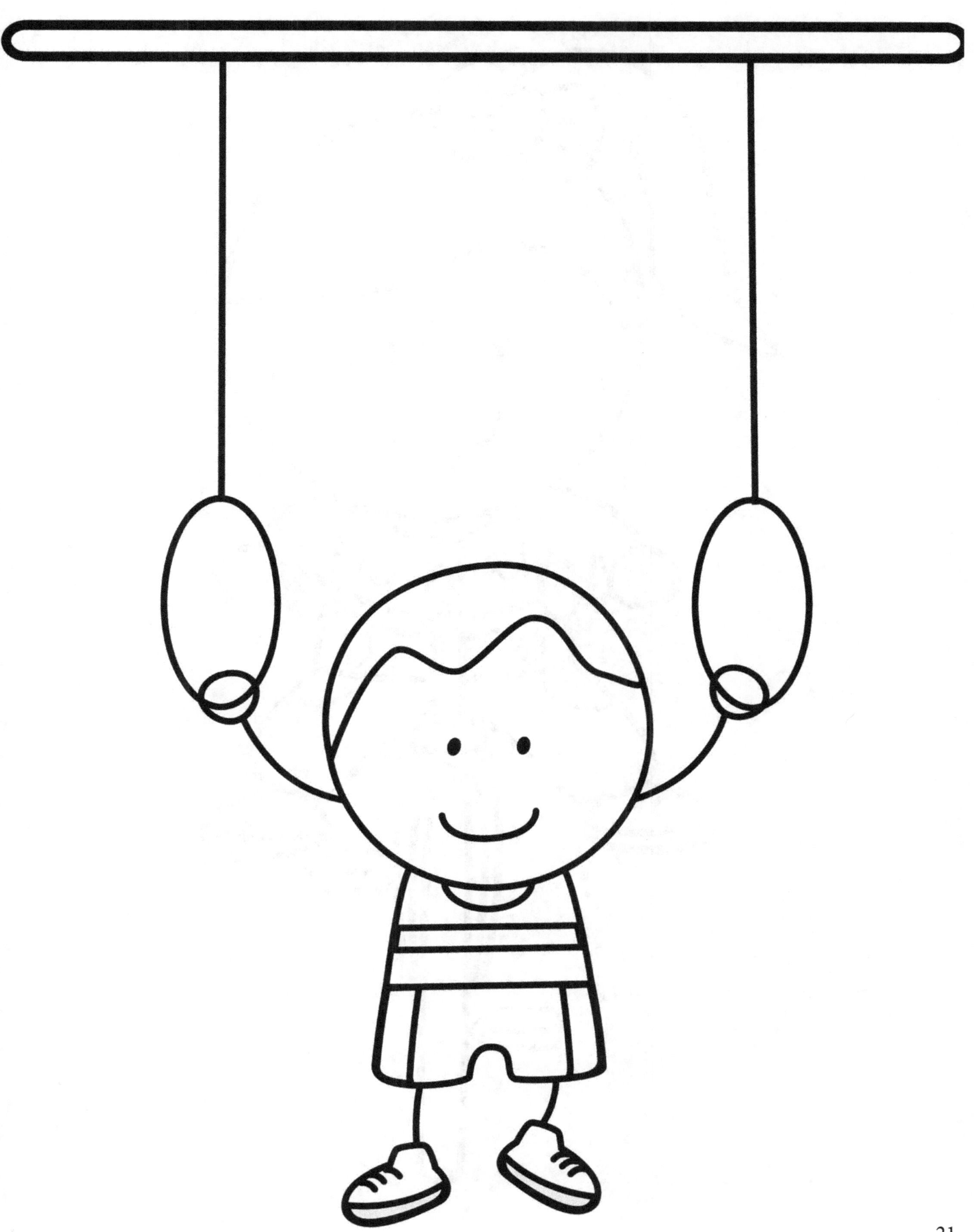

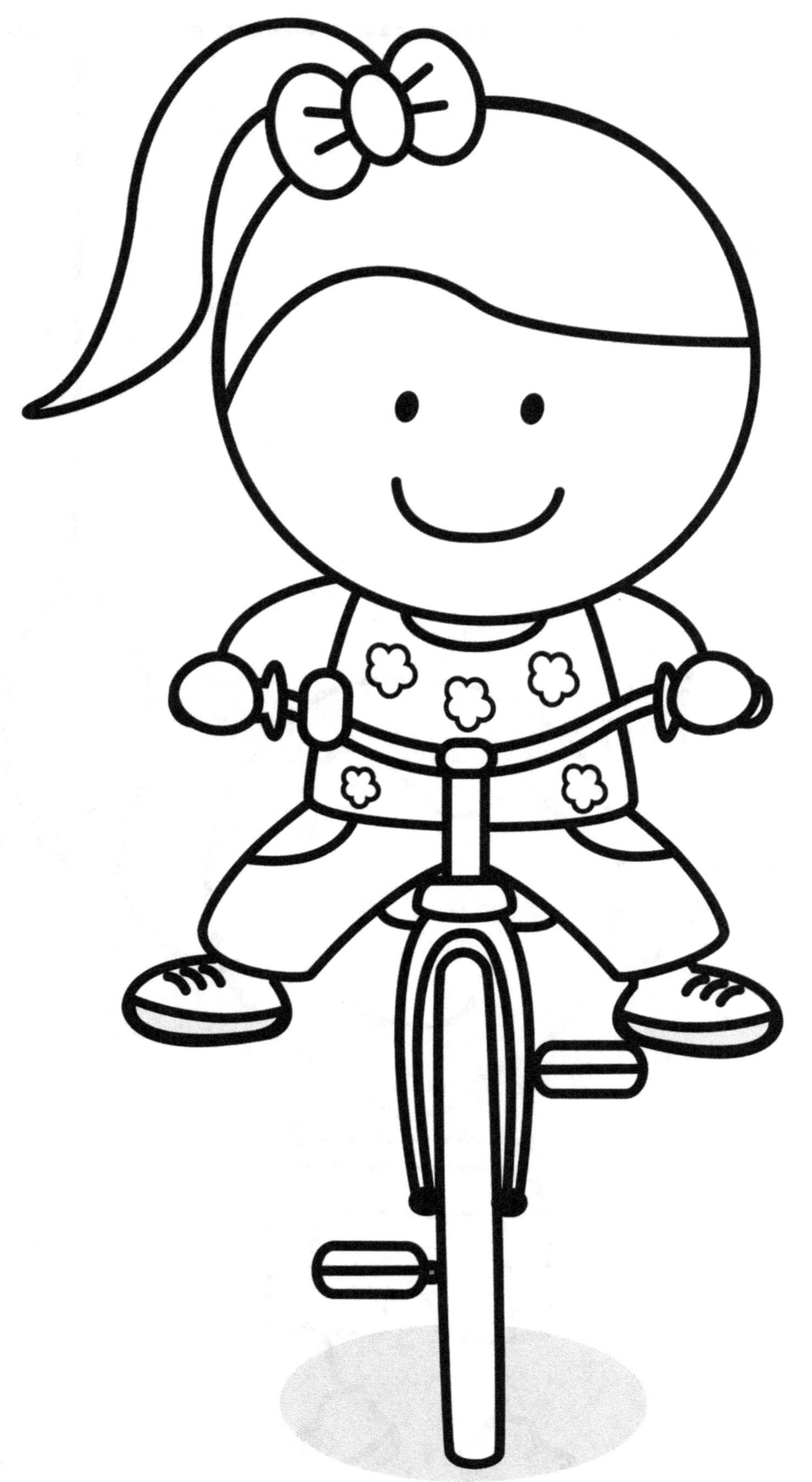

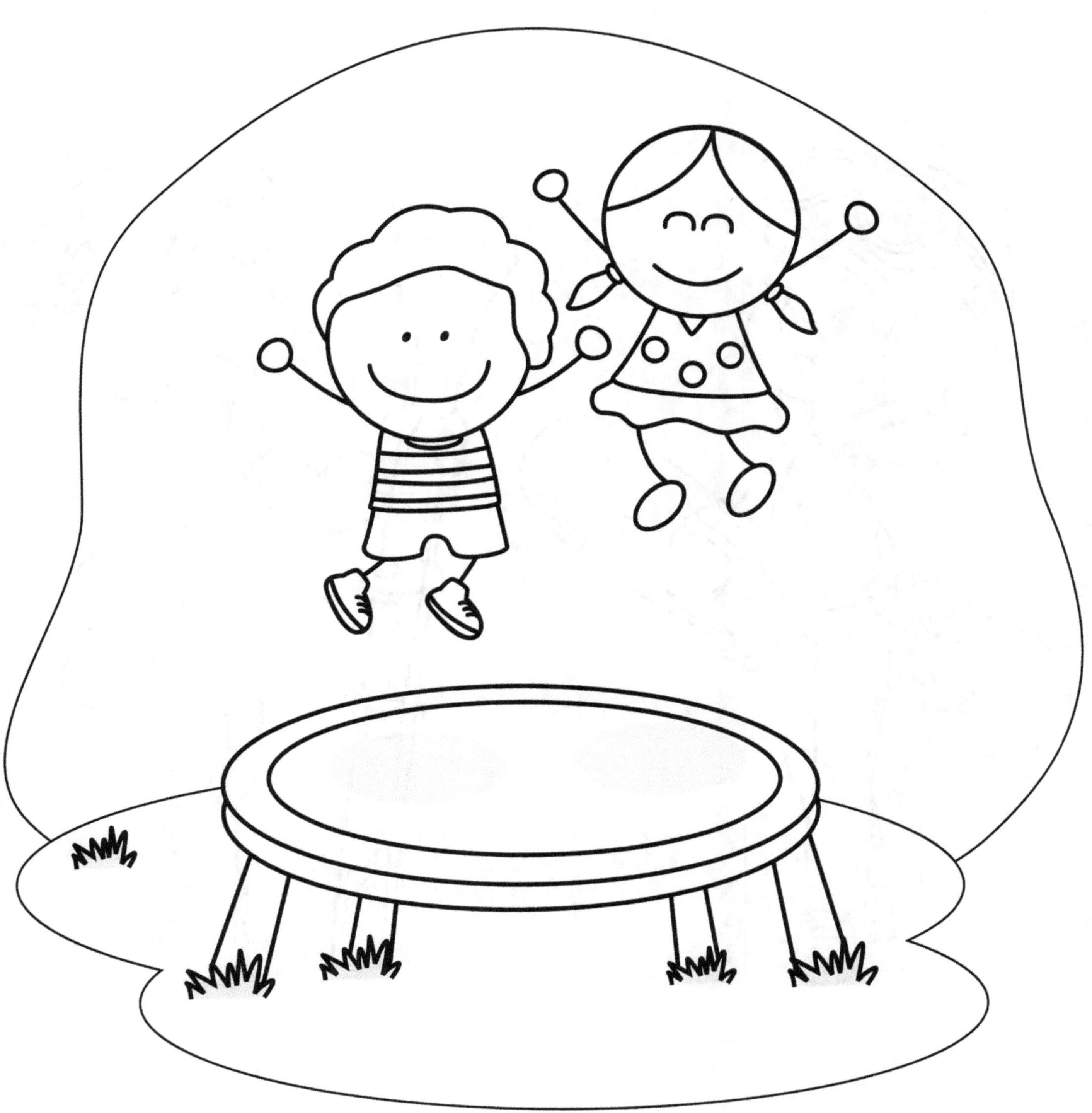

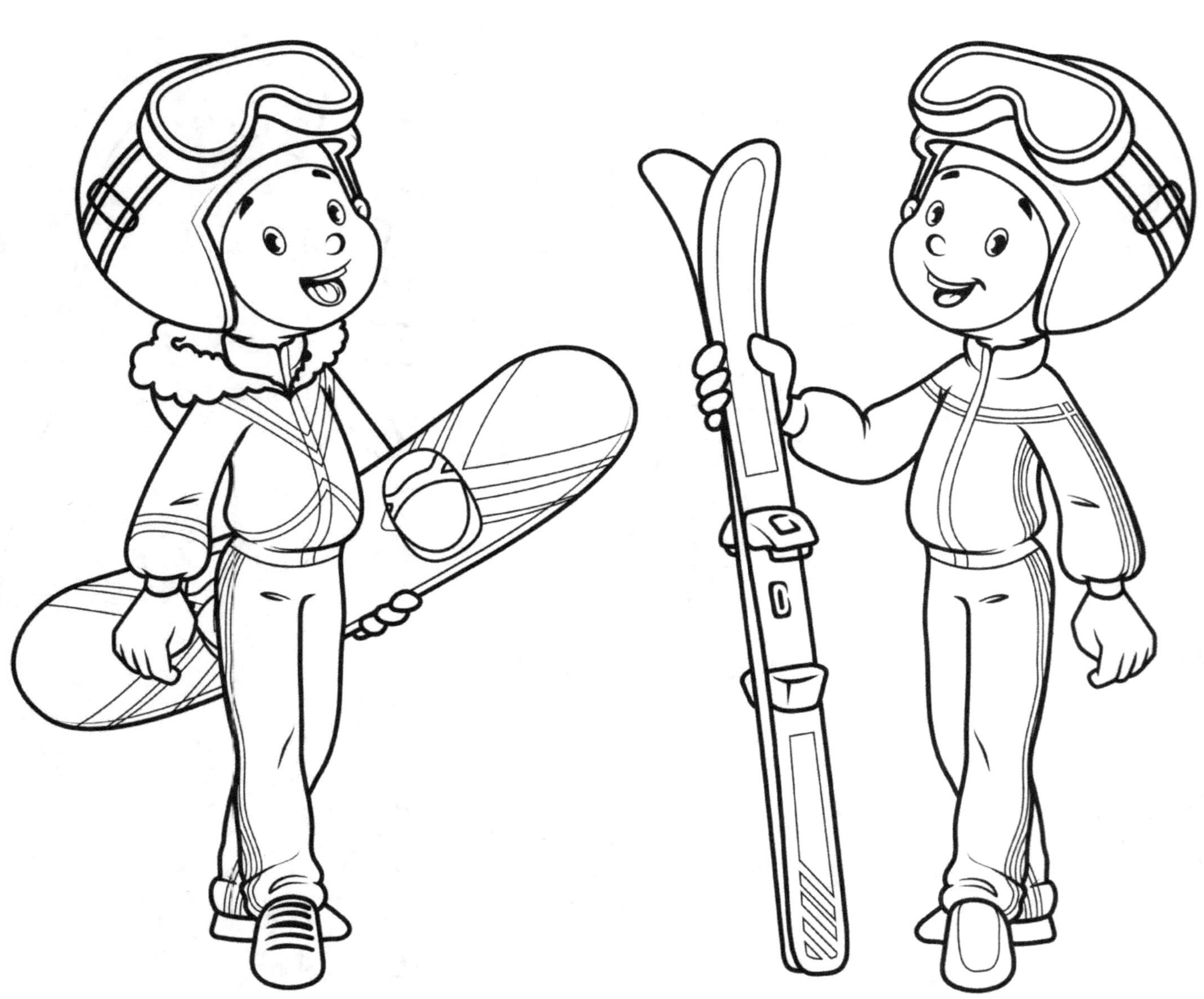

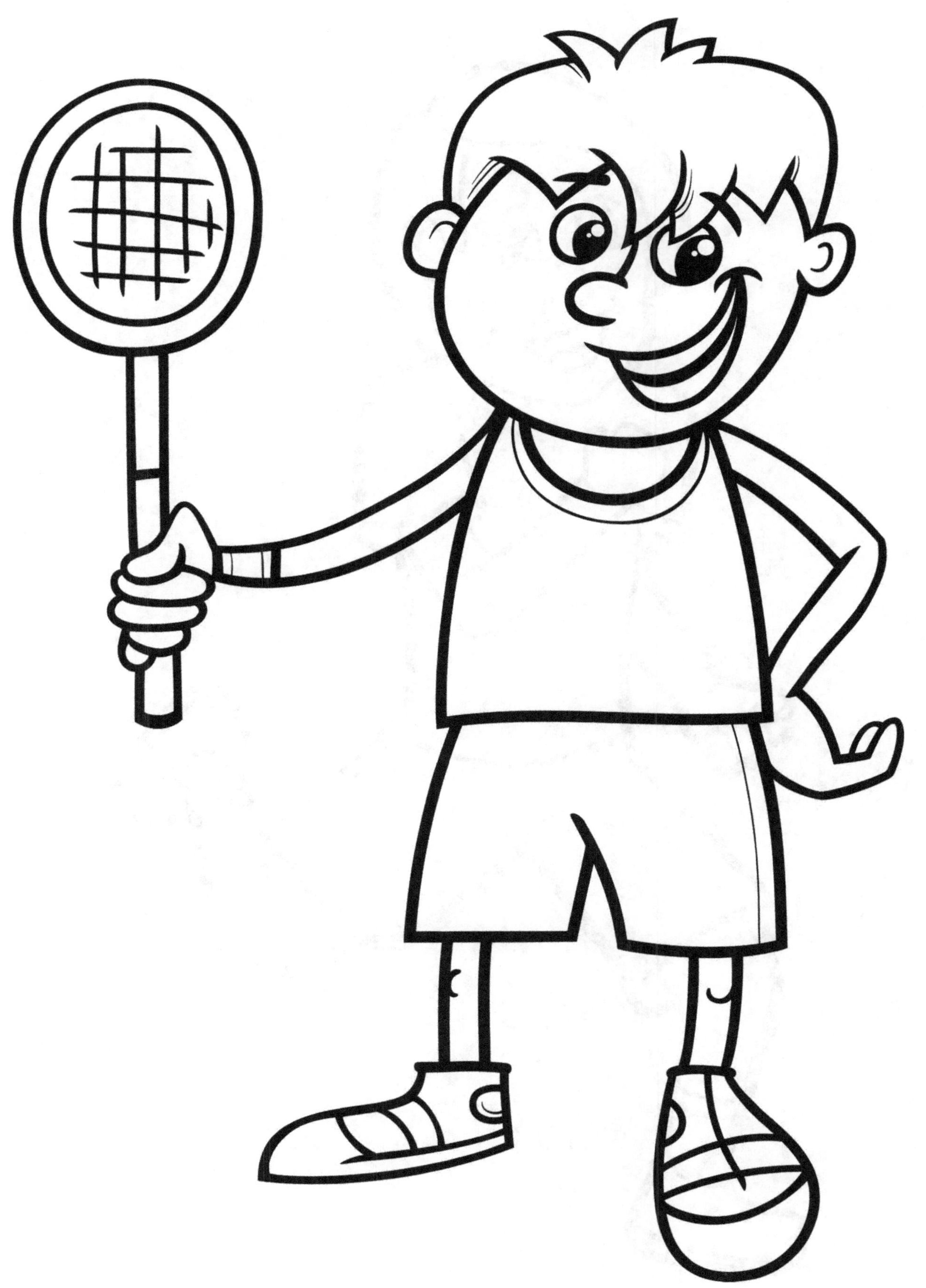

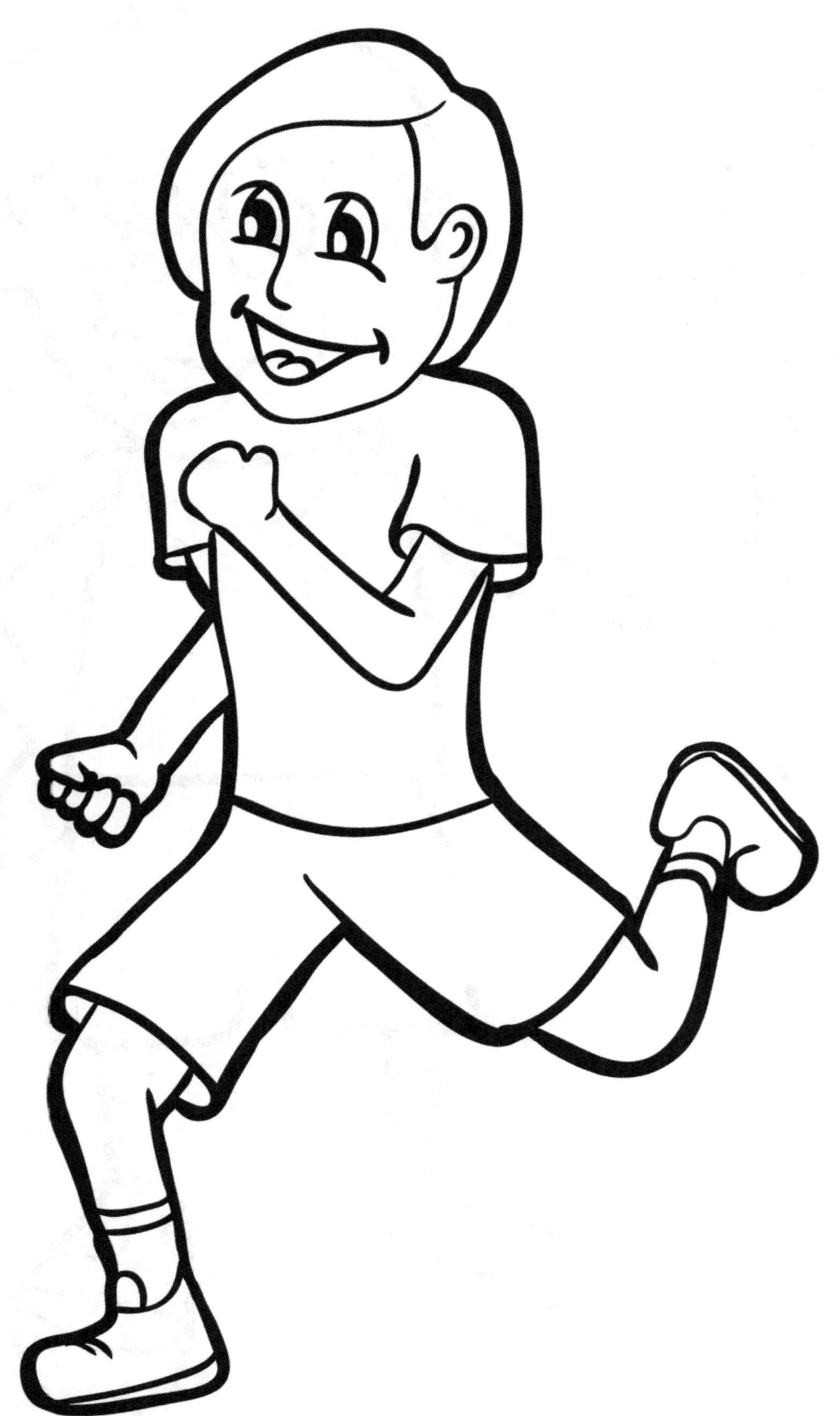

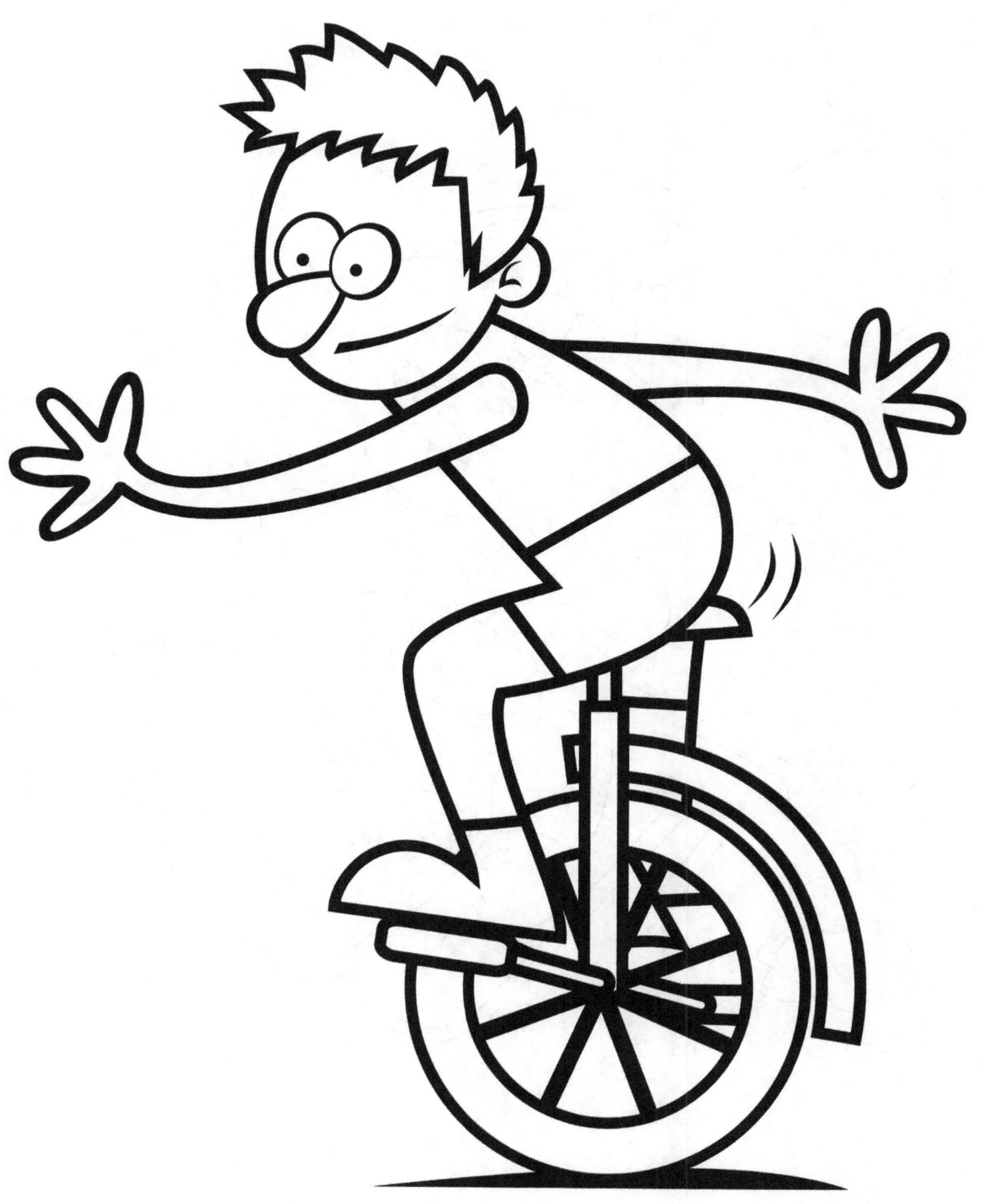

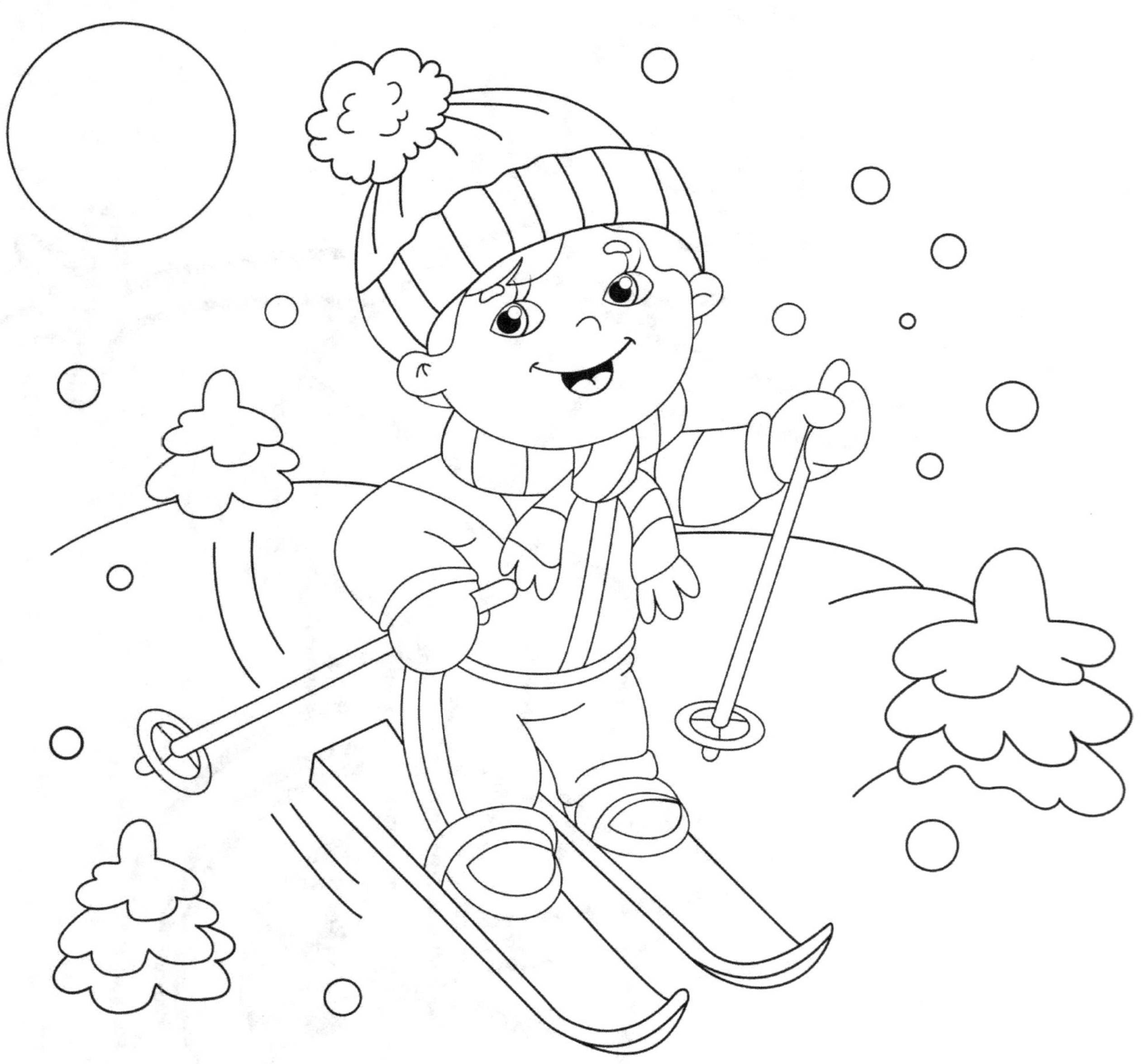

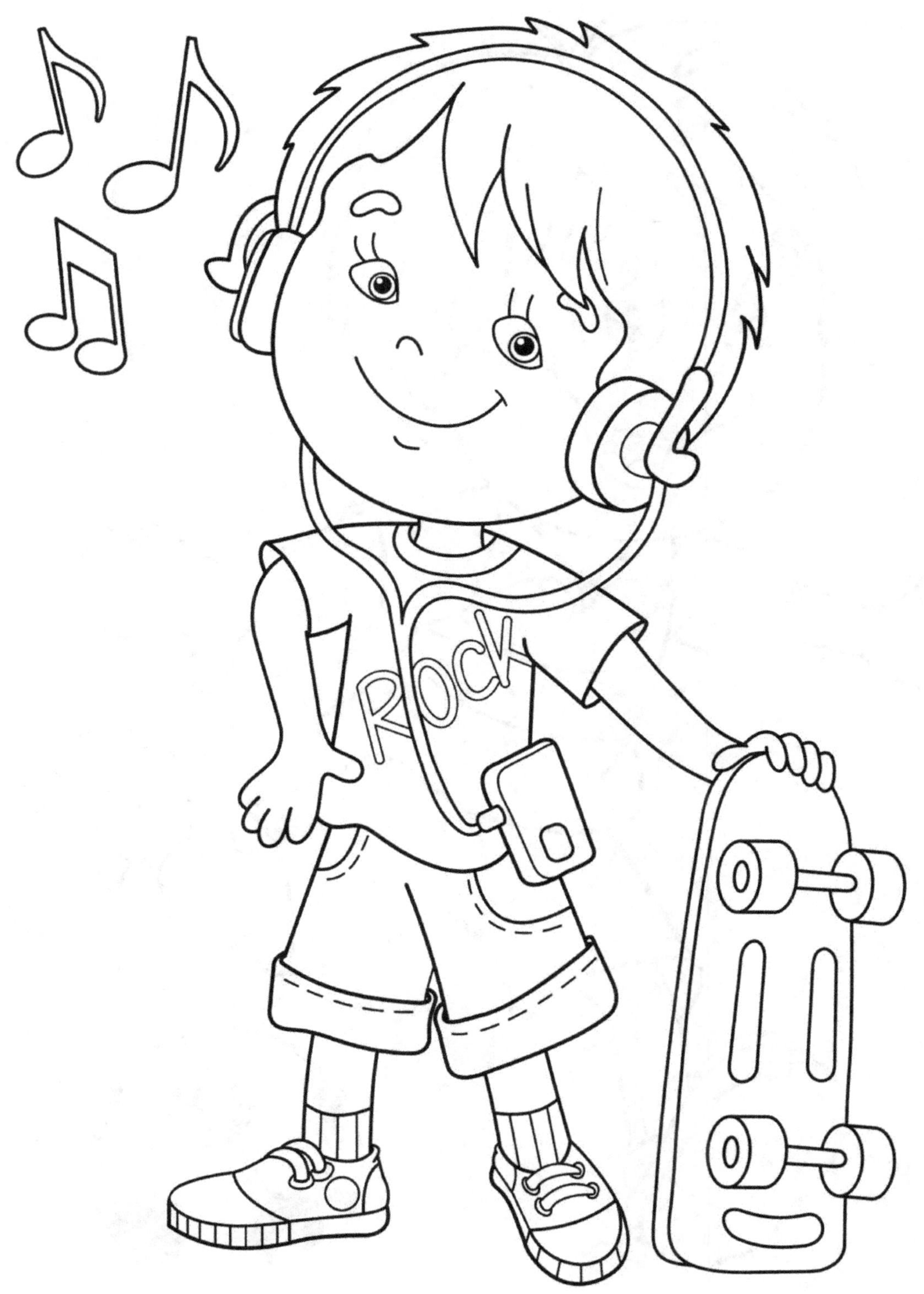
Rock

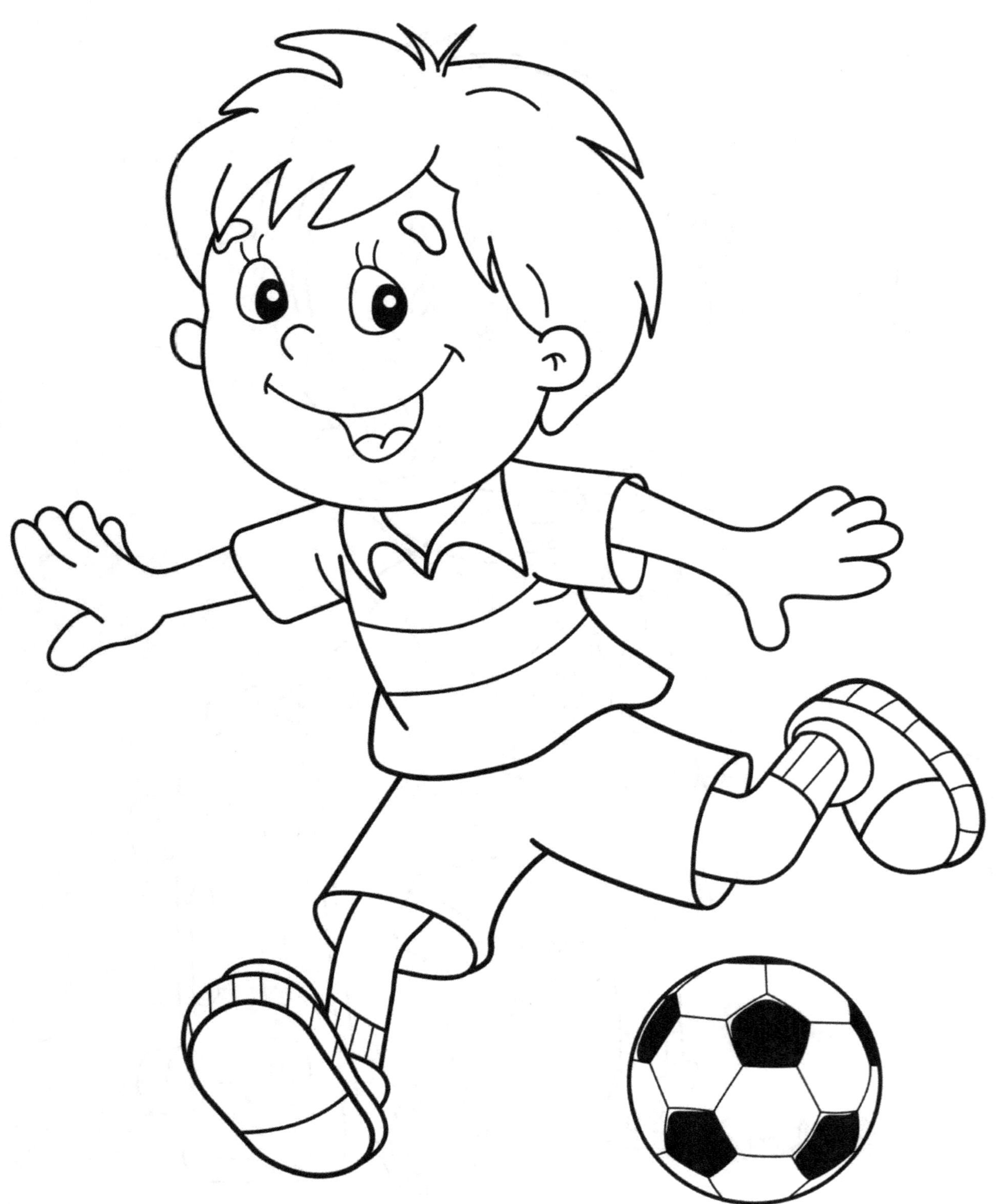